Marina Glasenapp

Filigraner Landhausstil

Motive aus Tonkarton

frechverlag

Im frechverlag sind viele weitere Bücher zum Thema „Filigrane Papierarbeiten“ erschienen. Hier eine kleine Auswahl:

TOPP 2481

TOPP 2281

TOPP 2478

TOPP 2345

TOPP 2441

TOPP 2352

Fotos: frechverlag GmbH + Co. Druck KG, 70499 Stuttgart;
Fotostudio Ullrich & Co., Renningen

Dieses Buch enthält:
2 Vorlagenbogen

Auflage:	5.	4.	3.	2.	1.	Letzte Zahlen
Jahr:	2004	2003	2002	2001	2000	maßgebend

frechverlag GmbH + Co. Druck KG, 70499 Stuttgart

ISBN 3-7724-2688-3 · Best.-Nr. 2688

Druck: frechverlag GmbH + Co. Druck KG, 70499 Stuttgart

Dieses Buch bietet Ihnen eine große Auswahl filigraner, nostalgischer Motive, mit denen Sie das ganze Jahr über Ihr Heim im Landhausstil verschönern können.
Dekorieren Sie Ihre Küche mit einem nostalgischen Küchenschrank oder einer romantischen Blumenwaage.
Für die Frühlingszeit finden Sie hier Riesentulpen oder einen zierlichen Blütenkranz. Schmücken Sie Ihre Tür oder Ihre Fenster im Herbst mit einem rustikalen Eichenkranz oder mit Sonnenblumen. Setzen Sie Akzente mit einem dekorativen Efeukranz oder dem modern gestalteten Fenster mit Aussicht.
Einige dieser Motive erfordern ein bisschen mehr Geduld und Geschick, für diese Mühe werden Sie anschließend aber mit einem beeindruckenden Fensterschmuck belohnt.

Ich wünsche Ihnen viel Spaß beim Basteln und Gestalten!

Ihre Marina Glasenapp

Arbeitsmaterial

- ✻ **Tonkarton oder Tonpapier in verschiedenen Farben**
- ✻ **Cutter mit geeigneter Schneideunterlage**
- ✻ **Schere**
- ✻ **Lineal**
- ✻ **Bleistift**
- ✻ **Kugelschreiber**
- ✻ **Transparentpapier**
- ✻ **Büroklammern**
- ✻ **Klebefilm**
- ✻ **Klebstoff**
- ✻ **Nähnadel**
- ✻ **Garn**

Das Ausschneiden der Motive
Schneiden Sie Motive mit vielen kleinen Innenausschnitten zuerst grob mit der Schere aus und arbeiten Sie dann mit dem Cutter von innen nach außen. Wechseln Sie die Klinge des Cutters möglichst oft um ein sauberes Ergebnis zu erhalten.
Benötigen Sie ein Teil zweimal um es anschließend deckungsgleich zusammenzukleben, können Sie das erste Teil einfach als Schablone verwenden.
Tonpapier können Sie doppelt legen um ein Motiv zweimal zu erhalten, so wird Ihnen ein Arbeitsgang erspart.

So gehen Sie vor

Das Übertragen der Vorlagen
Übertragen Sie das Motiv mithilfe eines Bleistifts vom Vorlagenbogen auf das Transparentpapier. Um ein Verrutschen zu vermeiden, befestigen Sie das Transparentpapier mit Büroklammern oder etwas Klebefilm.

Anschließend wird das Transparentpapier auf den gewünschten Tonkarton gelegt und wieder befestigt. Dann zeichnen Sie die Konturen mit einem Kugelschreiber kräftig nach, so werden Sie auf den Tonkarton durchgedrückt.

TIPP

Die Anzahl und Anordnung vieler Details, zum Beispiel Blüten, lässt sich nach Belieben verändern, probieren Sie auch ruhig einmal andere Farben aus.

Schritt für Schritt erklärt

1. Pausen Sie die einzelnen Teile des Motivs vom Vorlagenbogen mit einem Bleistift auf Transparentpapier ab.

2. Mit einem Kugelschreiber drücken Sie nun die Konturen kräftig auf den Tonkarton durch.

3. Schneiden Sie dann mit Schere und Cutter die einzelnen Motivteile aus.

4. Kleben Sie das Motiv zusammen. Es kann jetzt mithilfe einer dünnen Nähnadel und farblich passendem Garn aufgehängt werden.

Drei Riesen-tulpen

MATERIAL:

Tonkarton in drei verschiedenen Grüntönen, Hell- und Dunkelorange, Gelb

Die Blätter der Tulpe schneiden Sie jeweils einmal aus grünem Tonkarton aus.
Sie können drei verschiedene Grüntöne oder einen Grünton wählen.
Die Tulpe wird jeweils einmal in jedem Farbton angefertigt.
Kleben Sie jeweils eine Tulpe oben am Stängel und an den Blatträndern fest.
Anschließend hängen Sie die drei Tulpen an Garn untereinander auf.

Motivgröße: einzeln ca. 35 cm x 33 cm

Kleiner Blütenkranz

(Anleitung Seite 8)

Motivdurchmesser: ca. 50 cm

Kleiner Blütenkranz

(Abbildung Seite 7)

Material:

Tonkarton in Grün und Weiß
Tonpapier in Gelb

Mit Schere und Cutter fertigen Sie den Blätterkranz sowie die kleinen Blätterteile aus grünem Tonkarton.
Der Blütenkranz wird zweimal, die Blüten in der Mitte werden einmal und die kleinen Blüten sechsmal aus weißem Tonkarton ausgeschnitten. Die Blütenmitten schneiden Sie aus gelbem Tonpapier entsprechend der Anzahl und Größe aus.
Die beiden Blütenkränze werden deckungsgleich von beiden Seiten auf den Blätterkranz geklebt.
Die großen Blüten kleben Sie in die Mitte und die kleinen Blüten deckungsgleich von beiden Seiten auf die kleinen Blätter.
Zum Schluss verteilen Sie die Blütenmitten auf den entsprechenden Blüten und fixieren sie.

Glockenblumen

Material:

Tonkarton in Orange, Apricot, Grün und Blau

Befestigen Sie das Blattwerk so am Rahmen, dass an den Kästen auf beiden Seiten ein Blatt übersteht. Die Blüten werden gemäß der Abbildung auf dem Blattwerk verteilt und aufgeklebt.
Verwenden Sie wenig Kleber um die Blattspitzen am Rahmen festzukleben, damit es später nicht unsauber aussieht.
Zum Schluss wird die Verzierung oben an den Rahmen geklebt.

Motivgröße:
ca. 28 cm x 40 cm

Zwei Blumen-schalen

MATERIAL:

Tonkarton in Grün, Gelb, Blau, Hellblau bzw. Orange

Die Schale wird aus gelbem bzw. dunkelblauem Tonkarton gefertigt. Kleben Sie das Blattwerk so an die Schale, dass auf jeder Seite Blätter überstehen. Die zweiteiligen Blüten werden zusammengeklebt, das heißt, Sie bringen die hellblauen Teile hinter den dunkelblauen und die gelben hinter den orangefarbenen Teilen an. Die fertigen Blüten werden gemäß der Abbildung beidseitig deckungsgleich angebracht. Eine kleine Markierung hilft beim Zusammenkleben der Blütenteile. Das Motiv im Querformat wird an der obersten Blüte aufgehängt.

Motivgröße:
ca. 32 cm x 38 cm

Gießkanne mit Sonnenblumen

Kleben Sie die Blätter so an die Gießkanne und die Wanne, dass sie auf beiden Seiten zu sehen sind. Sie können sich hierzu an der Abbildung orientieren.

MATERIAL:

Tonkarton in Blau, Gelb, Grün und Hellbraun

Anschließend werden die Blüten an die Stängel und die Gießkanne geklebt. Zum Schluss kleben Sie die Blütenmitten beidseitig auf. Die mittlere Blüte bekommt zwei verschiedene Blütenmitten. Die eingekerbte Blütenmitte für die Vorderseite wird genau über der Gießkanne angebracht.

Motivgröße:
ca. 40 cm x 27 cm

Fenster mit Aussicht

MATERIAL:

Tonkarton in Weiß, Grün, Blau und Braun

Motivgröße: ca. 28 cm x 38 cm

Beim Ausschneiden des Baumstammes müssen Sie sich nicht genau an der Vorlage orientieren, wichtig ist, dass er nicht zu gleichmäßig aussieht. Zuerst werden die Blätter beidseitig deckungsgleich an die Äste geklebt, anschließend befestigen Sie den Stamm unten am Rahmen und an den Fensterflügeln mit wenig Klebstoff.
Der blaue Streifen wird zwischen den Rahmen und die große Baumkrone geklebt, sodass von vorne das Geschirr in Blau zu sehen ist. Das kleine Baumkronenteil kleben Sie auf der Vorderseite oben an den Stamm gegen das große. Zuletzt wird noch auf der Rückseite der Zaun befestigt.

Sonnenblumen am Tor

(Abbildung Seite 16/17)

MATERIAL:

Tonkarton in Dunkel- und Hellblau, Dunkel-, Mittel-, und Hellgrün, Rot, Gelb und Hellbraun

Kleben Sie den dunkelblauen Innenrahmen auf den Außenrahmen. Anschließend wird am unteren Rand ein Grasteil befestigt.
Jetzt drehen Sie das Motiv auf die andere Seite und kleben links und rechts je eine Säule unten und am Rand fest. Anschließend werden die Stiele der Sonnenblumen fixiert. Danach kleben Sie das Tor an den Säulen und an den Blättern fest. Das Aufkleben des Tores ist etwas knifflig, Sie können den Klebstoff mithilfe eines schmalen Pappstreifens an mehreren Stellen zwischen Tor und Blättern anbringen. Von der Rückseite werden nun die größeren Farnteile an die Steinsäule und an den Rahmen und dann die kleineren Farnteile von der anderen Seite dagegen geklebt. Die Sonnenblumen werden an den Stängeln fixiert und anschließend kleben Sie die braunen Innenteile auf beiden Seiten in die Blüten.
Zum Schluss kleben Sie den zweiten Grasstreifen deckungsgleich gegen den ersten.

Sonnenblumen am Tor

(Anleitung Seite 14)

Motivgröße:
ca. 50 cm x 37 cm

Efeukranz

Material:

Tonkarton in Dunkel- und Hellgrün und Gelb

Bringen Sie am großen Kranz und an den kleinen Kränzen ähnlich wie auf der Vorlage kleine Bleistift-kreuze an.
Kleben Sie nun die inneren Kränze auf beiden Seiten an den markierten Punkten deckungsgleich auf den großen Kranz.
Zum Schluss wird die Schleife unten am Kranz von beiden Seiten deckungsgleich angebracht.
Für die kleinen Kränze und die Schleifen können Sie auch Tonpapier verwenden. Soll der Kranz an einer Tür hängen, brauchen Sie nur eine Seite zu bekleben.

Motivdurchmesser: ca. 50 cm

Zwei Fenster

MATERIAL:

Tonkarton in Weiß, Blau, Hellblau und Grün

Kleben Sie die Fensterläden an beide Seiten des Fensters. Das Blattgrün wird beidseitig deckungsgleich auf die Blumentöpfe geklebt. Nachdem Sie die Blütenteile zusammengeklebt haben, verteilen Sie die fertigen

Blüten auf dem Blattwerk und fixieren sie.
In das hohe Fenster (Abbildung Seite 22) werden an etwas Garn die beiden Lampenschirme gehängt.

Motivgröße:
ca. 38 cm x 22 cm

Motivgröße:
ca. 28 cm x 31 cm

Efeu am Torbogen

(Anleitung Seite 24)

Motivgröße:
ca. 30 cm x 45 cm

Efeu am Torbogen

(Abbildung Seite 23)

MATERIAL:

Tonkarton in Gelb, Hell- und Dunkelgrün und Blau

Das Aufkleben des großen Efeus am Torbogen erfordert etwas Geschick, damit keine Klebespuren zu sehen sind. Am besten ist es den Efeu zuerst unten am Rand aufzukleben. Mithilfe eines schmalen Pappstreifens bringen Sie nun den Klebstoff an verschiedenen Punkten zwischen Efeu und Torbogen an.
Ein Teil des Efeus hängt oben über dem Torbogen und wird auf der Rückseite befestigt.
Jetzt können der kleine Efeu und anschließend die Brunnenpumpe auf der Rückseite aufgeklebt werden.

Nostalgischer Küchenschrank

(Abbildung Seite 25)

MATERIAL:

Tonkarton in Blau und Weiß

Kleben Sie alle Teile von beiden Seiten auf den Schrank. Nur die beiden Umrahmungen mit der Gardine werden einseitig aufgeklebt, da es zu aufwändig wäre sie genau deckungsgleich auszuschneiden.

Blumenwaage

(Abbildung Seite 26/27)

MATERIAL:

Tonkarton in Blau, Grün und Gelb
Tonpapier in Weiß

Die Schalen und das Innere der Blüten werden aus Tonpapier ausgeschnitten. Zuerst werden die Schalen von beiden Seiten auf die Waage geklebt. Das Blattgrün kleben Sie so auf die Schalen, dass auf beiden Seiten Blätter überstehen. Die Blumen werden ebenfalls so auf das Blattwerk geklebt, dass beidseitig Blütenblätter überstehen. Zum Schluss kleben Sie die etwas größeren Blütenmitten in die großen und die restlichen in die kleinen Blüten.

Motivgröße:
ca. 25 cm x 37 cm

Blumenwaage

(Anleitung Seite 24)

Motivgröße:
ca. 31 cm x 20 cm

Filigranes Blumenbild

Motivgröße:
ca. 24 cm x 39 cm

MATERIAL:

Tonkarton in Gelb und Blau

Für dieses Fensterbild benötigt man etwas Geduld.
Sämtliche Ausschnitte werden mit dem Cutter ausgeführt, wobei die Klinge häufig gewechselt werden muss, besonders bei den ganz kleinen Ausschnitten.
Nachdem aus blauem Tonkarton das Hauptmotiv gefertigt wurde, kann mit dem Rahmen in gelbem Tonkarton begonnen werden.
Kleben Sie den gelben Rahmen mit wenig Klebstoff am Rand des Hauptmotivs fest.

Eichenkranz

(Abbildung Seite 30/31)

MATERIAL:

Tonkarton in Mittel- und Hellgrün, Braun, Orange und Gelb

Benutzen Sie für die vielen runden Ausschnitte einen möglichst scharfen Cutter.
Kleben Sie die Eicheln und die dazugehörigen Kappen so aufeinander, dass sie später deckungsgleich zusammenpassen.
Die gelben Verzierungen werden auf jede Schleife geklebt.
Kleben Sie dann die Schleifen auf beiden Seiten deckungsgleich unten an den Kranz.
Verteilen Sie die Eicheln gemäß der Abbildung und kleben Sie sie beidseitig deckungsgleich auf.
Soll der Kranz an einer Tür hängen, genügt es eine Seite zu arbeiten.

Eichenkranz

(Anleitung Seite 28)

Motivdurchmesser:
ca. 44 cm

Eine Auswahl von Büchern im frechverlag zum Thema „Dekorieren im Landhausstil“ mit verschiedenen Materialien:

TOPP 2613

TOPP 2686

TOPP 2320

TOPP 2589

TOPP 2404

TOPP 2624

TOPP 2278

TOPP 2416

TOPP 2197